Napoléon III

Poésies

Copyright © 2022 Martial Bretin

Édition : BoD – Books on Demand, info@bod.fr

Impression : BoD – Books on Demand,
In de Tarpen 42, Norderstedt (Allemagne)

Impression à la demande

ISBN : 978-2-3224-1973-9

Dépôt légal : juillet 2022

Mise en page et maquettage : https://reedsy.com/

Tous droits réservés pour tous pays.

Il y a un an, un jeune homme inconnu, s'ignorant lui-même et descendu depuis peu de ces montagnes poétiques et sévères du Jura qui ont produit une race d'hommes si remarquables, nous faisait imprimer un volume de poésies intitulé : *Napoléon III*. Ce livre n'était pas destiné au public ; aucune préface ne l'accompagnait, les journaux n'en reçurent aucun exemplaire et leurs colonnes, si souvent bienveillantes pour l'écrivain débutant, ne continrent aucun de ces articles louangeurs qui font connaître un nom nouveau. Le *Napoléon III*, par M. Bretin (du Jura), fut présenté à l'Empereur qui agréa cet hommage et témoigna toute sa satisfaction à l'auteur. Quand on est jeune et qu'on a fait un volume de poésies, surtout si ce volume a été accueilli avec faveur, il n'est pas difficile de prédire que l'auteur ne s'arrêtera pas à ce coup d'essai ; mais ce qui se fait assez ordinairement, c'est que l'auteur rémunéré remercie à peine ceux qui ont récompensé son génie et qu'il se hâte de porter son encens à de nouveaux autels. M. Bretin a été plus fidèle pour l'objet du culte qu'il s'est choisi ; le voici qui redescend de ses montagnes avec un nouveau volume portant le même titre que le premier et, comme celui-ci, entièrement consacré à la gloire de l'Empereur.

Si la Poésie est un reflet des tendances et de la civilisation du peuple et du siècle auxquels appartient le poète, on ne sera pas étonné de trouver dans le volume de M. Bretin ces chants religieux, ces hymnes patriotiques qui, aujourd'hui plus que jamais, ont des échos si puissants dans le cœur de la nation tout entière. Sa muse à la fois catholique et militaire se distingue par une étonnante facilité ; son vers coule rapide et sûr, et jamais l'expression ne fait attendre la pensée.

Au moment où le pays se prépare à une grande lutte, que ce volume de vers soit le bienvenu. La France en tout temps n'a-t-elle pas vu les poètes et les guerriers se lever et se donner la main pour la chanter et pour la défendre ?

AIMÉ VINGTRINIER.

I

Réveil

Muse, pourquoi venir de mon humble chaumière
Chasser encore la nuit d'un rayon de tes yeux ?
Pourquoi venir encore me rouvrir la carrière
Où me guidait jadis ton doigt du haut des cieux ?

J'avais dit : c'en est fait, loin des vains bruits du monde,
J'irai m'ensevelir dans la paix des déserts,
Et, seul avec le Dieu dont l'amour pur m'inonde,
J'élèverai vers lui mon âme et mes concerts.

Bois touffus, frais vallons, grottes, riants bocages,
Dans vos abris secrets accueillez un ami ;
Je viens me reposer sous vos charmants ombrages :
Répandez vos parfums sur mon front endormi.

Tel un prudent pêcheur voit en paix sur la plage
L'Aquilon soulever le vaste sein des mers
Là, je ne craindrai plus que l'aile de l'orage
Roule encore dans mon ciel la nuit et les éclairs.

Là, je me nourrirai du trésor de l'abeille ;
J'irai me rafraîchir à l'onde du rocher ;
Des voix d'Anges viendront enchanter mon oreille
Sous les berceaux fleuris où j'irai me cacher.

Là, je trouverai mieux l'idéal que j'adore,
Ce Dieu, l'objet vivant de mes ardents soupirs
Je le verrai briller dans les pleurs de l'Aurore,

Je l'entendrai parler dans l'accent des Zéphyrs.

Les yeux tout éblouis de sa magnificence,
Je redirai sa gloire aux feux naissants du jour ;
Ma voix des nuits planant dans le vaste silence,
Sous les cieux étoiles, chantera son amour.

Des sphères écoutant la nocturne harmonie
Je monterai vers lui sur leur pas cadencé ;
De la Foi dans mon sein le céleste Génie
Versera l'espérance et l'oubli du passé ;

Jusqu'au jour où s'ouvrant sur un plus beau rivage,
Tel le lys du vallon aux rayons de l'été,
Mon âme, sous l'éclat d'un soleil sans nuage,
Ira s'épanouir dans son éternité.

Mais voilà, tu reviens me bercer dans tes rêves,
Muse, comme un enfant dans les bras maternels ;
Vers tes brillants sommets mon front que tu soulèves
Se revoit couronné de tes feux immortels.

J'entends, tout éperdu, ta voix qui me gourmande,
Qui me dit : pour dormir est-ce déjà le soir ?
Faut-il de mes hauteurs qu'aujourd'hui je descende
Pour te courber, ingrat, sous le joug du devoir ?

L'Aigle un jour, je le sais, te toucha de son aile,
Se pencha sur ta lyre et bénit tes transports ;
Son œil laissa sur toi tomber une étincelle,
Et toi, tu resterais sans âme et sans accords !

Pour elle t'inondant de mes plus doux sourires
Je posai sur ta lèvre un baiser fraternel ;
Tu lui dois et le jour et l'air que tu respires ;

Et tu n'éclates pas en un hymne éternel !

Voyons, replonge-toi dans son feu qui t'embrase
Comme elle, oiseau des Dieux, dans l'orbe du soleil,
Et tel qu'un cœur bercé dans une sainte extase
Sur mon sein qui t'attend viens chanter ton réveil.

— Muse, je suis toujours ton serviteur fidèle ;
Toujours j'ouvre mes yeux à tes rayons si doux.
Dans mon obscurité puisque ta voix m'appelle,
Regarde, me voilà t'adorant à genoux.

Il est vrai, dans ma nuit je voulais disparaître,
M'échapper pour jamais de ton parvis sacré :
Hélas ! je n'osais plus élever vers le Maître
Les accents sans éclat de mon luth ignoré.

Quelle voix devant lui ne tremble et ne s'arrête,
Disais-je, et, contemplant son astre à l'horizon,
Qui ravivant sa bouche au charbon du prophète
Pourrait jeter un chant digne encore de son nom ?

Viens donc purifier mes lèvres à ta flamme.
Pour lui puisque tu veux que mon luth vibre encore,
Dans ton splendide azur viens emporter mon âme
Comme un cygne flottant sur un nuage d'or.

II

Le pouvoir

Ô vous, nautoniers sans étoile,
Qui dans la nuit cherchez le port,
Qui croyez gouverner la voile
Sans guide intelligent et fort.
Prenez garde : votre imprudence
Va recevoir sa récompense,
Le ciel confondra votre orgueil,
Car la tempête sous son aile
Prendra le navire infidèle
Pour le broyer sur un écueil.

Tel de l'erreur dans la nuit sombre
Quand un peuple précipité
Vient de sa main briser dans l'ombre
Le flambeau de l'autorité,
Son heure arrive, il faut qu'il tombe ;
Il peut désormais dans sa tombe
Dormir son éternel sommeil :
Son souffle a déchaîné l'orage ;
Il a perdu loin du rivage
Et sa boussole et son soleil.

Mortels, qu'emportent vos chimères,
Qui vous arrache ainsi du port ?
Pourquoi ce trouble et ces colères,
Ces cris de combats et de mort ?
Dans la nuit qui vous environne
Quand le rayon que Dieu vous donne

Seul peut éclairer vos déserts,
Pourquoi votre fureur impie
Vient-elle vous fermer la vie
En l'éteignant sur l'univers ?

Hélas ! de la nature humaine
Telle est l'invariable loi,
Un rien nous irrite et nous gêne
Et l'orgueil seul est notre roi.
Au sein de sa propre faiblesse
L'homme aveuglé cherchant sans cesse
Son levier et son point d'appui,
Veut être en son indépendance
Le rayon de son existence,
Son guide et son pouvoir à lui.

Et maintenant de vos doctrines
Contemplez tous la vanité ;
Au moins d'entasser des ruines
Vous avez eu la liberté.
Dans vos efforts sans harmonie
Vous consumiez votre génie,
Et d'être seuls, ô matelots,
Quand vous tentiez l'expérience,
Le vaisseau qui portait la France
Courait s'abîmer sous les flots.

Mais, s'arrêtant dans sa carrière,
Souvent le pouvoir à son tour
Ferme lui-même sa paupière
Aux rayons éclatants du jour.
Son esprit trompé sur sa route
Laisse se flétrir dans le doute
Ses principes conservateurs,
Et de la tête populaire

Eloignant sa main tutélaire
Il s'assoupit sur ses hauteurs.

C'est peu. Mais prendre un diadème,
Le sceptre et le royal manteau
Pour dire au Mal : sois mon système !
Comme à l'Erreur : sois mon drapeau !
Au culte impur de la matière,
De foi, d'amour et de lumière
Livrer un peuple dépourvu,
Puis le lancer dans un abîme,
Ah ! direz-vous, c'est un grand crime ;
Et ce crime, vous l'avez vu.

Alors, dans nos jours de tempêtes.
Nous nous levions pleins de courroux ;
La foudre éclatait sur nos têtes,
Le sol tremblait autour de nous.
Nos pieds broyant une couronne,
Nous nous disions : Son heure sonne,
Il fut sans justice et sans foi,
Frappons sur sa figure immonde ;
Sur son cadavre que le monde
Dise : des Juifs voilà le roi !

Mais de sa France bien-aimée
Dieu, pour lui rendre son époux,
Soulevait la tête calmée
Et la berçait sur ses genoux.
D'un signe apaisant ses orages,
Son doigt écartait les nuages
Groupés sur son front obscurci ;
Puis, la redressant sur sa voie,
C'est temps, disait-il ; dans ta joie
Que tes bras s'ouvrent, le voici !

Et toi, prophète au front de flammes,
Renversant nos temples impurs,
Du vaste Ilion de nos âmes
D'un mot tu relevais les murs.
Les esprits, fatigués d'eux-mêmes,
Jetaient aux vents leurs vains systèmes,
Plongés dans ton sein paternel,
Et notre monde politique
Dans ta région pacifique
Retrouvait son axe éternel.

Le pouvoir à son agonie
Se redressant à ton côté,
Dans les sources de ton génie
Repuisa sa vitalité.
Sur nous tu lui rendis sa place :
De cet astre suivant ta trace
Tu fus le centre et le soutien,
Et plus dans sa céleste voûte
Ta main élargissait sa route,
Plus les peuples criaient : c'est bien !

Tu le revêtis sur son trône
De son antique dignité,
Et tu lui donnas pour couronne
La Justice et la Vérité.
Dans ta gloire aujourd'hui s'il passe,
Vers nous s'il incline sa face
Du haut de son brillant séjour,
La foule avec respect s'arrête
Et tout à coup l'écho répète
Un cri d'allégresse et d'amour.

La force avec l'intelligence,
Voilà le mot de son drapeau ;

La paix du monde est sa science
Et ta sagesse est son flambeau.
De ses destins dépositaire,
Seul il peut réchauffer la terre
Dans sa calme sécurité :
Pour talisman de sa durée,
N'a-t-il pas dans sa main sacrée
Ton nom plein d'immortalité ?

III

Repos et joie

De ses derniers reflets qu'il sème dans les airs
Vois-tu l'astre du jour embrasser l'univers ?
Penché sur son char qui s'arrête,
Il semble qu'il nous dit dans ses brillants adieux :
Demain j'apporterai de plus splendides feux ;
Demain d'Auguste c'est la fête !

Oui, prépare ta lyre à tes hymnes d'amour,
Ô France, et te levant montre-nous à ton tour
De fleurs ta tête couronnée :
C'est le jour fortuné que nous donnent les Dieux
Pour nous reposer tous, à tes accents joyeux,
De tout le labeur d'une année.

Tous trois nous irons voir notre maître adoré,
Comme un vaste soleil de soleils entouré,
Passer devant nous dans sa gloire,
Et ses peuples courront, de ses rayons noyés,
Confondre leurs transports, et, courbés à ses pieds.
Jeter comme un chant de victoire.

Toute voix s'ouvrira pour célébrer son nom :
Le tambour, la cymbale, et le grave canon,
Et le clairon dans sa fanfare ;
Puis, à nos cris, son aigle aux yeux étincelants
De la foule viendra sur les flots ondulants
Planer et briller comme un phare.

Chaque main portera sa branche d'olivier ;
Car il apparaîtra non pas comme un guerrier
Que la terre en tremblant admire ;
Mais il s'arrachera de son char triomphant
Et, comme un tendre père, il prendra notre enfant
Pour le bénir de son sourire.

Quand l'aube allumera son céleste flambeau
Nos mains sur notre seuil suspendront son drapeau,
Et, quand du soir viendra l'étoile,
Mille feux des cités éblouiront les yeux
Pour que sur ce beau jour la nuit du haut des cieux
Ne vienne point jeter son voile.

Ô femme, après avoir, t'appuyant sur mon bras,
Contemplé sa figure et jeté sur ses pas
Les belles fleurs de ta fenêtre,
Nous irons des berceaux sous le calme enchanté
Célébrer notre ivresse et la félicité
De ce jour trop lent à renaître.

Car c'est lui, notre maître à la puissante main,
Qui nous verse à longs flots le travail et le pain,
De nos lèvres manne féconde :
Au bras comme à l'esprit il sait faire la part,
Et du haut de sa gloire il nous suit du regard
Comme l'œil de Dieu suit le monde.

À des vœux sans espoir sachez tous mettre un frein,
Nous dit-il, et venez sous mon ciel plus serein
Labourer votre œuvre en silence :
N'ai-je pas la rosée ainsi que les rayons
Qui feront à la fois germer dans vos sillons
Et votre vie et l'abondance.

Et le bras est plus fort et l'esprit plus vaillant :
Chacun va répétant son hymne en travaillant
Courbé sur la matière immense,
Car chaque coup frappé par notre rude main
Fait jaillir à nos yeux sur l'obscur lendemain
Comme un doux éclair d'espérance.

Et le soir je revois, plus joyeux sur ton cœur,
Notre fils de mon front essuyer la sueur,
Et, m'enivrant de vos sourires,
Je puis mieux du labeur me reposer du poids
Et m'endormir aux sons caressants de vos voix
Qui me bercent comme deux lyres.

Vivre ainsi n'est-ce pas cueillir tous ces bonheurs
Dont Dieu sème parfois notre vallon de pleurs,
Et qu'il donne au mortel qu'il aime ;
Au cœur qui dans la paix sait attendre le jour
Où sa main tirera dans l'éternel séjour
De tout travail un diadème ?

IV

À M. Le Vicomte de N…

Enfin, foulant aux pieds ces préjugés vulgaires,
Ces systèmes menteurs où trônait ta raison,
Tu sus te dégager de la nuit où naguères
Ton esprit égaré plongeait son horizon.
Pour toi qui l'appelais la vérité tardive,
Son flambeau dans sa main, descendit sur ta rive,
Et ton cœur simple et franc se rouvrant à sa voix
Tu recourbas son front sous le joug de ses lois.
Mais, pour venir un jour, et tu l'as dit toi-même,
De nouveau t'incliner aux pieds de son autel,
Pour t'abreuver encore à sa source suprême
En attachant ta lèvre à son sein maternel,
Pour retrouver enfin la paix et la lumière,
Noble ami, que de pleurs a versés ta paupière !
Que de fois ton labeur recommença son cours
Pour découvrir le mot qui t'échappait toujours !

Et cependant quand la patrie
Sur elle s'affaissait comme une fleur flétrie
Au souffle ardent de l'Aquilon ;
Quand, couvrant tout à coup son limpide horizon,
L'orage sur son aile emportait sa couronne
Et brisait sous nos yeux son sceptre et son flambeau ;
Quand de nos propres mains l'arrachant de son trône
Nous l'étendions sanglante au fond de son tombeau.
Nul plus que toi ne vint pleurer sur son martyre
Et n'eut plus de voix pour maudire
Les traîtres qui, brûlant d'un infernal délire,

Couraient de son cadavre arracher un lambeau.
Pour lui rendre le jour et sa splendeur première
Vainement sur tes bords tu cherchais la lumière ;
Vainement tu venais, le front dans la poussière,
Répandre tes soupirs dans le temple des Dieux :
Eux, sans pitié pour nous et sourds à ta prière,
Loin d'un monde maudit s'enfermaient dans les cieux
Ces mortels que le peuple un moment déifie
À leurs genoux t'ont vu traînant ton désespoir
Demander le secret de leur philosophie,
Et tous, loups affamés dévorant leur pouvoir,
Répondaient à tes cris en semant sur leur trace
Comme un sombre fléau l'épouvante et le deuil.
Alors, fondant en pleurs et te voilant la face,
Naufragé que les flots jetaient sur un écueil,
Tu te disais : c'est bien ! dans notre fol orgueil,
Le Seigneur nous a vus toucher à l'arche sainte :
Insensés, nous voulions la broyer sous nos pieds,
Quand sa main formidable, en son auguste enceinte,
Soudain s'ouvrant sur nous nous a tous foudroyés.

Mais voilà, sous les pas d'une splendide Aurore,
L'orient tout à coup s'anime et se colore ;
Le vent tombe, et, du bord de ton rivage obscur,
D'un firmament plus doux tu découvres l'azur.
C'est l'aigle qui du sein de sa gloire immortelle
Sur le monde descend, balayant de son aile
Loin d'un ciel plus tranquille et l'orage et la nuit.
Sur nos lits de douleur par Dieu même conduit,
Il répand dans nos seins la paix et l'espérance ;
La terre se rattache à la vie, et la France,
Rompant de son tombeau le lugubre sommeil,
Se lève en souriant à son brillant soleil.

Pour toi qui trop souvent sur l'autel du mensonge
Portas ton encens et tes vœux,
Tu te crus le jouet d'un songe
Et tu doutas longtemps du miracle des Dieux.
Aujourd'hui dans la paix du foyer domestique
Tu quittes pour jamais ce monde fantastique,
Ce pays idéal où ton esprit rêveur
Se laissait emporter sur l'aile de l'Erreur.
Athlète fatigué sous ton armure vaine,
De tes combats sans fin abandonnant l'arène,
Sous un astre plus beau tu viens te rajeunir.
Et, dans le calme heureux où tu poses ta tête,
Sans craindre désormais la foudre et la tempête,
Le ciel, en t'éclairant te force à le bénir.

V

Vain espoir

Restez dans l'ombre et le silence,
Et, courbés sous la main de Dieu,
À l'avenir, à l'espérance,
Rois du passé, dites adieu.
Pour vous ramener sur nos plages,
Il faudrait un de ces orages
Dont chaque coup frappe la mort,
Et sur l'horizon populaire
Bien loin de l'astre qui l'éclaire
La foudre pour jamais s'endort.

De ce vaisseau suivez la trace :
Chargé de nos destins divers,
Sur les flots scintillants il passe
Comme un géant maître des mers.
Le ciel est pur, le vent caresse
Son grand pavillon qui se dresse
Doré du rayon matinal,
Et les peuples sur leur rivage
Battent des mains à son passage :
C'est le navire impérial !

Pour vous, voyez votre couronne
Rouler au gré des aquilons,
Comme sur les pas de l'automne
Court la feuille de nos vallons.
Du ciel le siècle a vu la foudre
Écraser vos fronts dans la poudre ;

La nuit couvrit vos horizons :
Perdus dans l'azur solitaire,
Ne passiez-vous pas sur la terre
Comme des astres sans rayons ?

Le fait mûri sur la pensée
Demandait un plus fort appui ;
Le monde, en sa marche avancée,
Voulait un chef grand comme lui ;
Et vous, des humains quand la race
Cherchait en suivant votre trace
Le sol promis à l'univers,
Vous tous, prophètes sans oracles,
Sans foi comme sans tabernacles,
Vous nous traîniez dans vos déserts.

Pasteurs des peuples de ce monde,
Dans quel vallon, à quel ruisseau,
Où, sur quelle rive féconde
Conduisez-vous votre troupeau ?
Cerfs altérés, quelle fontaine
Rafraîchissait de votre eau pleine
Et notre bouche et notre front ?…
… Vous vous taisez ; mais vos victimes
Nous entendent dans leurs abîmes,
Et leurs cadavres répondront.

Votre pied heurte à notre porte.
Mais quand dans la grande cité
La France nue et presque morte
Roulait son crâne ensanglanté ;
Quand, dans le sein de nos murailles,
Au ciel nous lancions nos entrailles,
Mourant en nous maudissant tous,
Ô rois, à cette heure suprême,

Qui nous vit nous frapper nous-même,
Répondez, où donc étiez-vous ?

Sans doute, au bord de ce rivage,
Où vous restiez sourds à nos cris,
Vous attendiez que du naufrage
Le vent vous poussât les débris.
Honte à vous tous ! de nos blessures
Quand pour effacer les souillures
Vous aviez l'huile avec le vin,
Princes sans amour et sans âme,
Que faisiez-vous de ce dictame
Que vous portiez dans votre main ?

Nos yeux ont revu la lumière :
Le peuple le troisième jour,
Tel que le Christ brisant sa pierre,
Sortit du sépulcre à son tour.
Mais n'attendez pas qu'à leur base
Il vienne en sa nouvelle phase
Rendre vos trônes vermoulus :
L'oubli les couvrant de poussière
Entre nous a mis sa barrière.
Et vous ne la franchirez plus.

Ne venez plus, vaines Sybilles.
Loin du souffle puissant des Dieux
Jeter sur les peuples tranquilles
Vos oracles fallacieux :
Dans la poudre le vent les roule,
Vos trépieds tombent, et la foule
Entrant dans vos temples glacés
Vous recouche au fond de vos tombes
Et refermant vos catacombes
Dit : prions pour les trépassés !

Si Dieu vous tirant de l'abîme,
Pour vous redonner aux humains,
Vous replaçait sur votre cime,
Quels dons tomberaient de vos mains ?
Quel est votre nouveau symbole !
De vie auriez-vous la parole
Que l'on n'écoute qu'à genoux ?
Pour notre France rajeunie
Il faut la gloire et le génie,
Et vous, rois des morts, qu'avez-vous ?

Qu'apporteriez-vous à la terre ?
Le calme et la stabilité
Sont-ils le fruit héréditaire
De votre légitimité ?
Insensés, à travers les âges
Comptez ensemble vos naufrages
Et modérez votre transport :
Quand on eut un volcan pour trône
Avec la haine pour couronne,
On clôt sa lèvre et l'on s'endort.

Oui, sur votre plage inféconde
Cachez les vœux de votre cœur ;
Cessez de rappeler le monde
Sous votre drapeau sans couleur.
Le peuple entier en veut un autre ;
Laissez se déployer le nôtre
Aux feux d'un nouvel horizon :
Voyez, c'est l'aigle qui le porte,
Il a la France pour escorte
Et l'Éternel y mit son nom.

VI

Coup d'œil

Et le siècle debout disait : un jour la Gloire
Me prit et m'enleva sur son char de victoire,
Et, roulant dans les airs,
Comme un astre nouveau qui traverse l'espace,
Je voyais aux rayons dont j'inondais ma trace
S'embraser l'univers.

L'Éternel dans ma main avait mis son tonnerre.
Porté sur mes éclairs j'enveloppais la terre
D'un tourbillon de feu :
Les peuples se tordaient au vol de mes tempêtes,
Car je venais pour faire éclater sur leurs têtes
La justice de Dieu.

Mais, Jupiter lassé de trop lancer la foudre,
Je quittai mes hauteurs et laissai dans la poudre
Les mortels harassés ;
Puis de mes faits couché sous le vaste trophée,
À la Gloire je dis d'une voix étouffée :
Laisse-moi, c'est assez.

Comme le feu du ciel, la fièvre des batailles
M'avait séché les os et brûlé les entrailles :
Le passé sur ses bords,
Dans ses tombeaux glacés me vit alors descendre,
Et de mes anciens rois j'éteignis sous la cendre
Ma flamme et mes transports.

Bientôt l'air me manqua dans ces sombres domaines ;
Je tremblais, tout mon sang se figeait dans mes veines ;
Muet, épouvanté,
Je sentais se fermer ma paupière obscurcie,
Lorsque me relevant sur mon lit d'asphyxie
Je criai : liberté !

Soudain la Liberté m'emporta sur son aile.
Les peuples triomphants bondissaient autour d'elle
Et tous pour la bénir
Mêlaient, en s'embrassant, les chants de leur délire,
Et, sous un seul drapeau, guidés par son sourire,
Marchaient vers l'avenir.

Ils marchaient… mais ce temps de lugubre mémoire,
Si je pouvais jamais l'effacer de l'histoire,
Le remords qui me suit
Sans cesse me traînant dans du sang, dans des larmes
Ne viendrait point troubler par mille cris d'alarmes
Le sommeil de ma nuit.

Ainsi de mon Éden pour retrouver la route,
On m'a vu quarante ans, emporté par le doute,
Errer dans les déserts,
Et sous un ciel chargé de tempêtes sans nombre,
Je n'avais pour guider mes pas tremblants dans l'ombre
Que le feu des éclairs.

Hélas ! j'y serais mort : mon corps sans sépulture
Aux oiseaux dévorants eût servi de pâture
Si, sa main dans ma main ;
Un prophète de Dieu descendu de sa nue,
Ne m'eût dit : vers le jour marchons, l'heure est venue
De franchir le Jourdain.

VII

Retour

France, France, salut ! je te revois encore ;
Le maître de sa main m'a fait signe et j'accours.
Amis, embrassez tous l'ami qui vous adore ;
C'en est fait : près de vous je reviens pour toujours.

Tel le prodigue enfant qu'un Dieu clément ramène,
Pleurant son repentir sur le sein paternel,
De mes folles erreurs j'ai su rompre la chaîne
Et ma prière ardente a pu toucher le ciel.

Pourquoi, quand des vivants vous m'ouvriez la carrière,
N'ai-je point près de vous fixé mes pas errants,
De votre cause sainte embrassé la bannière,
Et, soldat dévoué, combattu dans vos rangs ?

Je n'aurais point, foulant le sol d'une autre plage,
Vu de mes jours si purs s'éclipser le soleil ;
Ma lyre suspendue aux saules du rivage
Sur moi n'eût point pleuré dans ma nuit sans réveil.

Mais des Dieux inconnus qu'adorait le vulgaire
Dans un sombre délire égaraient ma raison,
Et, perdu dans la nuit d'un monde imaginaire,
Du mal qui m'emportait je goûtai le poison.

Insensés, nous rêvions le bonheur de la France,
Et, bientôt la traînant aux pieds de notre orgueil,
De ses fils égarés la fatale science

Changeait, en la frappant, son trône en un cercueil.

Progrès sage, union, fraternité féconde,
Hélas ! dans nos déserts nous vous cherchions en vain ;
Nous cherchions la justice et la paix pour le monde
Et ces trésors, un seul les avait dans sa main.

Quand son bras sur nos fronts fit éclater sa foudre,
Pour moi la vérité jaillit dans ses éclairs :
Que m'importait à moi de rouler dans la poudre ?
Je la voyais briller dans les cieux entrouverts !

Dans le fond de la mer je jetai mes doctrines,
Et lorsque le pays, du monde autre Sion,
Devant moi se leva du sein de ses ruines,
Et d'un reflet divin embrasa l'horizon,

Je dis : je veux la voir assise dans sa gloire,
Cette patrie aimée, aux destins immortels ;
D'un passé que je hais j'abjurerai l'histoire
Et demanderai grâce aux pieds de ses autels.

Aujourd'hui, cœurs amis, partagez mon délire,
Et, couronnant de fleurs mon front ressuscité,
Laissez-moi près de vous, aux sons de votre lyre,
Me reposer au port de ma félicité.

VIII

Philosophie

Sur le passé jetons un voile.
Ô temps où le souffle de Dieu,
Où de ses lois la douce étoile
Fuyait, s'éclipsait du saint lieu,
Éloignez-vous comme un vain rêve ;
Un jour plus radieux se lève
Sur le monde ressuscité :
L'homme fourvoyé dans sa course
Se retrempe enfin à la source
De l'éternelle vérité.

Verbe divin, Vérité sainte,
Quel monde alors habitais-tu ?
Qui loin de ta céleste enceinte
Traînait notre esprit abattu ?
Hélas ! dans nos jours de démence
De pleurs et de douleur immense,
Dis, fallait-il que la Raison
Du mal adorât tous les songes
Et traversât tous les mensonges
Pour retrouver ton horizon ?

D'une absurde philosophie
Chacun recouvert d'un lambeau,
Aux préjugés qu'elle édifie
Courait attacher un drapeau.
L'âme, comme un ange rebelle,
Dans l'abîme roulant son aile,

Dressait au doute un piédestal,
Et de ses flancs toute pensée
Faisait dans sa rage insensée
Jaillir un blasphème infernal.

Dans le vaste laboratoire
Des esprits régénérateurs
Souvent nous évoquions l'histoire ;
Chaque âge y versait ses erreurs.
Des temps éteints tous les problèmes,
Tous les rêves, tous les systèmes
Se transformaient dans notre main ;
Puis des voix criaient à la foule :
Venez, ils ont trouvé le moule
De l'avenir du genre humain.

Dépouillés de leur sens antique
Le Vrai, le Juste avec le Beau
De la conscience publique
Fuyaient emportant leur flambeau.
La Famille, mourante mère.
Près d'elle en vain cherchait un père,
À ses enfants disait adieu :
Sur les débris de son symbole
La Foi pleurait son auréole
Et tout mortel se faisait Dieu.

Dieux fabriqués dans la poussière,
Trompant l'univers aux abois,
Nous déchirions à sa prière
Le code éternel de ses lois.
Du fond de nos noirs tabernacles
Nos voix lui jetaient leurs oracles
Remplis d'anathème et de fiel ;
Toujours la discorde et la haine

Étaient les pains de notre cène,
L'orgueil le prêtre de l'autel.

Ah ! dans ces heures de délire
Si notre souffle à son réveil
Eût pu dans son brillant empire
Du monde éteindre le soleil ;
Si du chaos l'abîme sombre
Sur nous, pour répandre son ombre,
Pouvait se rouvrir une fois,
On eût vu la nature entière
Pleurer sur son heure dernière
Et disparaître à notre voix.

Entendez-vous gronder l'orage,
Ces cris qui montent dans les airs,
L'Océan qui bat son rivage
Aux feux sinistres des éclairs ?
Malheur, malheur ! le vaisseau croule,
Le ciel s'ouvre, la foudre roule
La mort sur les flots courroucés ;
Mais, dans l'horreur de la tempête,
Le Dieu des mers lève la tête
Et dit aux vagues : c'est assez !

Ainsi dans leur lutte anarchique,
Soudain répondant à nos cris,
Tu levas ta main pacifique
Sur la tempête des esprits.
Brisant notre science vaine,
Tu vins pour renouer la chaîne
Qui va liant la terre aux cieux,
Et le Verbe à la loi féconde,
Dans ses feux embrassant le monde,
Parut plus brillant à nos yeux.

Le doute en notre intelligence
Replia son voile à ta voix :
La raison rompant son silence
Reprit son prestige et ses droits.
Ta parole concise et sage
Retentit pour rendre au langage
Son sens et sa moralité,
Et tout mortel à ton exemple
De ses faux Dieux ferma le temple
Et dut penser la vérité.

Tu dis aux peuples de la terre :
De l'inconnu mystérieux
Quittez la route solitaire,
Vivez et regardez les cieux.
Brisez vos idoles d'argile :
Je vous apporte l'Évangile
Qui devra vous affranchir tous ;
Du fond de votre précipice
Venez au soleil de justice,
À sa flamme réchauffez-vous.

Depuis, dans le champ de l'idée
Épanoui sous tes rayons,
L'âme par toi-même guidée
Rouvre ses fertiles sillons.
Le monde à ses lois éternelles,
En se rattachant sous tes ailes,
Connaît son principe et sa fin ;
Le ciel a reconquis la terre
Et le bonheur, ce grand mystère,
Ne dit plus : je viendrai demain.

Rendre à la science incertaine
Son but et son flambeau divin ;

Du progrès à la race humaine
Tracer le splendide chemin ;
Changer le blasphème en prière ;
Sur le labeur qui dit : j'espère !
Semer l'abondance et la paix ;
Rouvrir au Christ ses tabernacles,
Ah ! ce sont là de grands miracles,
Ô Maître, et seul tu les as faits !

IX

Muses

Muses, entendez-vous la voix qui vous implore.
Une voix qui vous dit : venez, chantez encore,
La France toujours grande a retrouvé son roi :
Au milieu des mortels trop las de vous attendre
Vous pouvez redescendre,
Le ciel est radieux et la terre est à moi.

C'est l'Aigle qui vous parle et qui vous tend son aile ;
De vos divins séjours descendez avec elle ;
Nos mains ont relevé vos autels sur nos bords :
Venez, et, ravivant le feu de vos délires,
Des cordes de vos lyres
Sur le monde arrachez de sublimes accords.

Hélas ! vous avez vu dans la nuit de sa rive
Naguère un peuple errer comme une ombre plaintive
Et, tandis que le ciel se fermait sur ses pleurs,
Nul ne venait, rompant son funèbre silence,
D'un hymne d'espérance
Rouvrir ses yeux au jour et calmer ses douleurs.

Le mensonge à nos pas avait ouvert sa voie ;
À des rêves de sang notre pensée en proie
Flottait dans son vertige en maudissant les Dieux ;
Et vous, le cœur brisé, vous cachiez sous vos ailes
Vos harpes immortelles,
Et vous donnant la main vous remontiez aux cieux.

Mais aujourd'hui la paix a visité la terre.
Le soleil ramené dans un ciel sans tonnerre
Verse sur nous ses feux, penché sur l'avenir.
Pour vous tout se réveille, ô filles de Mémoire,
Et, debout dans sa gloire,
Le Maître vous a dit : votre exil va finir !

C'est avec vous qu'il veut partager son empire.
Il voit à ses genoux l'univers qui l'admire
Et son front resplendit sous le double rayon ;
Mais son cœur s'emplira de lugubres tristesses
S'il n'entend, ô Déesses,
Vos lyres résonner à l'ombre de son nom.

Ô Maître, ne crains rien, quand tu viens dans nos âmes
De nos Dieux immortels ressusciter les flammes
En ramenant sur nous leurs paternelles lois,
Eux, regagnant soudain leur demeure profonde,
Laisseraient-ils au monde
Leurs autels sans rayons et leurs temples sans voix ?

Déjà l'Art dans les cieux levant son front sublime
Dans ton azur s'élance, et, planant sur ta cime,
Du Vrai qu'il réfléchit contemple le soleil.
Là retrouvant aux feux dont son œil s'illumine
Sa céleste origine,
Il entonne à tes pieds le chant de son réveil.

Le Beau dans son éclat avec lui face à face
De ses divins secrets lui dévoilant la trace,
Sur ses bords enchantés l'éclaire et le conduit ;
Et, fuyant sur les pas de l'Erreur qui l'égaré,
L'horrible et le bizarre
Disent : c'est fait de nous, rentrons dans notre nuit.

Pour toi, tu le suivras dans son œuvre infinie :
En le purifiant au feu de ton génie
Tu lui rendras son but avec sa majesté ;
Et la Grèce viendra, versant dans sa carrière
Son antique lumière,
Lui livrer le secret de l'immortalité.

Oh ! comme de tes faits ciselant la matière
Il aimera bientôt montrer d'une main fière
À l'univers ravi ton brillant piédestal !
Comme il va sous nos yeux élever pour toi-même
Un monument suprême
Qui se dira Colonne ou bien Arc-triomphal !

Mais vois : l'airain s'anime et le marbre respire ;
Tout revit, tout reluit, tout fermente, et la lyre
Jette de plus doux sons sous des cieux moins obscurs
Et l'Histoire déjà, de toi seul occupée,
De ta riche épopée
Prépare les feuillets pour les siècles futurs.

De ton flambeau sacré la France précédée
Fait jaillir de son sein un chant comme une idée,
– De nous, Memnons obscurs, n'es-tu pas le rayon ?
Et l'idée et le chant de leur brillant poème
Vers toi l'unique thème,
Vers toi pour éclater montent à l'unisson :

Qu'il est beau de te voir sur ta splendide scène !
Du monde en même temps l'Auguste et le Mécène,
Seul te penchant sur nous tu nous écoutes mieux.
Heureux celui qui peut quand ta grandeur l'inspire
Mériter un sourire,
Un seul mot de ta bouche, un regard de tes yeux !

Un jour devant les arts qui seront ton escorte
Quand l'immortalité viendra t'ouvrir sa porte,
Quand les siècles au tien demanderont son nom,
Lui, tout resplendissant des rayons de ta gloire,
Leur jetant ton histoire
Et passant sur eux tous dira : Napoléon !

X

Politique

Heureux qui, s'échappant des régions du doute,
Dans le monde idéal s'ouvre une large route,
Et dont l'esprit vers Dieu, par Dieu même emporté.
Se pose face à face avec la vérité !

Peu content dans sa nuit d'un rayon de lumière,
Il veut baigner sa lèvre à sa source première,
Et, d'un jour plus serein saluant le réveil,
Des âmes se plonger dans l'éternel soleil.
Tel, pour mieux admirer la splendide nature,
Un pasteur se dérobe à la vallée obscure
Et gravit lentement le paisible coteau.
Chaque pas lui découvre un plus riant tableau :
Il monte, et tout à coup debout sur la montagne,
Il contemple à ses pieds, dans la vaste campagne,
Les prés aux mille fleurs, l'or flottant des guérets,
Les monts au front chargé de leurs sombres forêts,
Le fleuve dans les champs roulant son eau féconde,
Les vallons, les hameaux, et, plus loin, sur le monde
L'astre du jour montant dans les plaines du ciel,
Et, les yeux éblouis, il bénit l'Éternel.

Ainsi, l'esprit nageant au sein des hautes sphères,
De l'univers moral met à nu les mystères,
Et son œil embrassant ce riche et vaste corps
De tous ses éléments pénètre les rapports ;
Autour du Créateur il décrit son orbite ;
Il voit quel est son plan, son but et sa limite ;

Il comprend des mortels l'origine et la fin,
Comme de leur raison les lois et le chemin ;
Penché sur chaque peuple, il découvre la trace
Qu'il doit suivre à travers et le temps et l'espace,
Et dans tous ces secrets retrouvant son milieu,
Il se repose en paix sur le sein de son Dieu.
Mais quel est parmi nous ce nouveau Pythagore
Qui, comme un cœur bercé par la harpe sonore,
Pourrait, suivant le cours des sphères dans les cieux,
Entendre dans la nuit leurs sons harmonieux ?

Hélas ! la Vérité voilant son divin phare
Dans les sentiers obscurs où notre pas s'égare,
Laisse à peine tomber un rayon de sa main.
Sur lui-même tournant notre esprit incertain,
Cherchant en vain son astre à la céleste voûte,
Court d'abîme en abîme échouer sur le Doute.
Là, se levant encore sur son funèbre écueil,
La Raison tout entière en proie à son orgueil
Dresse contre le ciel sa Babel de systèmes,
D'un geste souverain tranche tous les problèmes,
Et, foulant du passé tous les dogmes divers,
Refait à sa façon les lois de l'univers.
Au nouvel édifice où surgit sa lumière
Chacun, pour l'achever, court apporter sa pierre :
Puis fermant désormais sa porte à l'Éternel,
Vient incliner son front devant son propre autel.

C'est ainsi que l'erreur, à la voix de sirène,
Naguère à ses genoux courbant la race humaine
Nous vit perdant le sens des éternelles lois,
De la raison privée adorer les seuls droits.
Tout lien se rompait, car chaque intelligence
S'enfermant dans les murs de sa circonférence

Et brisant des esprits le faisceau général,
Se faisait son moteur et son pivot central.
Aveuglement bizarre et fatale démence !
À peine encore hier l'astre de la science
D'une vague lueur embrassant l'horizon
Sur nos fronts répandait un timide rayon ;
Notre âme à peine encore, par ce rayon guidée,
Rafraîchissait sa lèvre aux sources de l'idée,
Et déjà du Seigneur s'érigeant en Élu
Chacun disait : je tiens dans mes mains l'absolu !

Le futur, le progrès n'était plus un mystère ;
Pour ne point s'égarer désormais sur la terre
Dans l'ombre tout mortel élevait un flambeau,
Tout front portait un signe et tout bras son drapeau.

Mais l'heure s'avançait où la voix des tempêtes
Allait se réveiller et gronder sur nos têtes,
Où le vaste volcan par nous-même allumé
Devait bientôt ouvrir son cratère enflammé.
Déjà l'air s'embrasait, car la pensée ardente
Brûlait de se montrer sous sa forme vivante,
De briller parmi nous sous un jour plus parfait
En s'épanouissant dans les fibres du fait.
Mais soudain la voilà qui paraît sur le monde ;
Du cerveau qui la tient dans sa prison profonde
Elle sort, elle éclate, et sa voix dans les airs
S'en va d'un pôle à l'autre éveiller l'univers.
Combattants de l'idée, au bruit de son tonnerre
Levez-vous, autour d'elle accourez, et la terre
Sous vos pas frémissants dût-elle s'entrouvrir,
Marchez, l'heure est venue, il faut vaincre ou mourir !

Ô pensée, à cette heure où se fendit ta nue,
Joyeux, nous avons tous salué ta venue

Quant vint de tes combats le moment solennel
Qui d'entre nous a fait défaut à ton appel ?
Qui, frappé tout à coup d'horreur et d'épouvante,
Recula d'un seul pas dans l'arène sanglante,
Et, fuyant dans sa peur ton aspect redouté,
S'enferma lâchement dans son obscurité ?
De ton glaive de feu tu transperças nos âmes :
Tu nous vis sur tes pas, et, marchant dans tes flammes,
Dans les cités en pleurs promener ton drapeau.
Pour voir un jour les bords de ce monde nouveau
Où tu guidais en vain notre commun navire
De ta foi tout mortel a subi le martyre,
T'a suivie éperdu sur tes écueils déserts
Et laissé son cadavre aux flots errants des mers ;
Tu le sais, — car nos mains sur tes lèvres amies
N'ont-elles pas versé tout le sang de nos vies ? —
Et, pour récompenser tant d'efforts si complets,
Pour prix de tant de maux, quels biens nous as-tu faits ?

Hélas ! rappelons-nous cette époque où la haine
De nos débats bientôt pénétrant sur la scène,
Et de son doigt fermant sa bouche à la Raison
Sur le monde égaré secouait son poison.
Le siècle nous voyait, d'une main téméraire,
Bâtir sans clef de voûte et sans pierre angulaire,
Et le temple nouveau qui nous abritait tous
S'ébranlait sur sa base et s'écroulait sur nous.
Du Dieu qui nous régit telle est la loi suprême :
Quand l'homme retiré, concentré sur lui-même
Et quittant le sentier que suit le genre humain
Veut à travers le temps marcher seul son chemin ;
Quand brisant le lien qui l'unit à ses frères
Il essaie, emporté sur l'aile des chimères,
De rouler dans son ciel sans soutien et pareil

À ces astres sortis du champ de leur soleil,
La licence soudain s'échappe sur le monde :
Sur leurs sommets voilés où la tempête gronde
Les esprits éperdus par son souffle entraînés
Mêlent en rugissant leurs combats acharnés
Tout s'embrase, tout flambe aux feux de leur tonnerre :
L'écho répète au loin leurs clameurs, et la terre
S'arrêtant dans sa marche et pleurant sur son sort
Leur répond par des cris de terreur et de mort.
De tous les points du ciel tels de sombres nuages
Se roulent tout à coup sous le vent des orages,
Et de leurs vastes flancs se heurtant dans les airs
Vomissent dans leur choc la grêle et les éclairs.

Mais, lorsque les esprits se bornant dans leur sphère
S'enlacent, et, vivant de la même lumière,
Sous un azur commun s'en vont d'un pas égal
Confondre leurs rayons dans un foyer central,
Quand tous, chacun suivant son ellipse tracée,
Viennent régler ainsi leur marche cadencée,
Astres étincelants sur l'horizon vermeil,
Autour du même centre et du même soleil,
Et qu'il est un pouvoir assez fort de lui-même
Pour être en même temps cette lueur suprême,
Cet unique foyer, ce puissant réflecteur,
Ce centre invariable et ce pondérateur ;
Alors la loi de Dieu s'accomplit sur le monde :
Les peuples ont trouvé cette plage féconde
Où leur main peut cueillir sur l'arbre de la paix
Comme des fruits divins la vie et le progrès !
Groupés et respirant dans la même atmosphère,
Ils vont tous à la fois plonger leur grande artère
Au sein vivifiant d'un identique cœur,
Et, n'ayant qu'un seul sang, ont la même chaleur.

Le Pouvoir des esprits prenant en mains les rênes
Guide à leurs buts divers les facultés humaines ;
Chaque force vitale, en son sentier distinct,
Marche en obéissant aux lois de son instinct.
La Raison, s'échappant de son noir précipice,
Se lève en appuyant son bras sur la Justice,
Dans son cercle restreint se nourrit du réel
Et laisse à l'Infini son secret éternel.
La Foi va replanter sa Croix sur son Calvaire,
Redresse ses autels, et son doigt tutélaire
Des âmes apaisant l'Océan agité
Relève notre front vers l'immortalité.
Tandis que la Science en sa haute carrière
Va, scrutant la nature et domptant la matière,
Dans leurs obscurités promener son flambeau ;
Que sa main de leurs flancs tire un monde plus beau,
L'Art déroule à nos yeux ses splendeurs immortelles,
Dans son ciel enchanté nous berce sur ses ailes
Et la lyre entonnant ses magiques concerts
Des fatigues du jour repose l'univers.

Tel est le plan divin, l'idéal et le rêve.
Mais pour les accomplir quand un Pouvoir se lève,
Il faut que de son bras la force et le levier
Soient l'éclatant produit du pays tout entier ;
Il faut qu'enraciné dans le sol populaire
Il puise dans nous tous sa sève séculaire
Et que son étendard porte en lettres de feu
Comme un chiffre sacré ces trois mots : peuple et Dieu
Alors sur ses hauteurs défiant les orages.
Tel l'aigle indépendant planant sur les nuages,
Il sait en nous baignant de célestes clartés
Remonter le ressort de nos vitalités.
Tout se règle sur lui : sa force et son génie

De tons nos mouvements maintiennent l'harmonie ;
Sur le vaste horizon son œil toujours ouvert
Découvre au loin l'écueil ou l'aride désert,
Et pour se reposer quand son peuple fidèle
Lui demande le port où l'avenir l'appelle,
Lui, soudain paraissant dans l'azur éclairci,
Sur nous se penche, et crie : abordez, c'est ici !

XI

Une mère

I

À la vie, au bonheur qu'il est doux de renaître,
Et, brisant le calice où nous versions nos pleurs,
De voir de nos printemps le soleil reparaître
Et de rendre à nos fronts leurs couronnes de fleurs !

Du tombeau qu'il est doux de soulever la pierre
Et, cygne harmonieux revivant sur ses bords,
De se baigner encore dans des flots de lumière
En frappant les échos de ses plus doux accords.

Pauvre femme, j'ai vu des jours de ma jeunesse
Les rayons s'éclipser dans l'ombre et la douleur.
Comme la fleur des champs sous l'aquilon s'abaisse,
Mon front s'est incliné sous le vent du malheur.

Et cependant ma voix, dès ma plus jeune aurore,
Disait à l'espérance un chant mélodieux :
Je sentais dans mon cœur le bonheur près d'éclore
Et d'un éclat plus beau le jour frappait mes yeux.

Déjà l'amour vainqueur illuminait mon âme,
Et, bientôt me penchant sur le sein d'un époux,
Joyeuse, je mêlai ma flamme avec sa flamme
Et la félicité vint s'asseoir entre nous.

Il avait arraché mes pas à la misère :
Sa main me nourrissait du pain de son labeur :
C'était plus qu'un époux, pour moi c'était un père,
Un ange descendu dans la nuit de mon cœur.

Vis en paix, disait-il, sur tes heures je veille ;
Près de toi je n'ai rien à demander aux Dieux :

N'es-tu pas tout pour moi ? le chant de mon oreille,
Le parfum de mes jours, le rayon de mes yeux ?

Qui redira nos chants, nos concerts de louanges
Au Dieu qui, bénissant notre riant séjour,
De mon sein maternel laissa tomber deux anges,
Tendres fruits détachés de l'arbre de l'amour ?

Beaux comme le matin au front chargé de roses
Dans notre double vie ils se levaient tous deux ;
Fleurs de notre printemps sous ses ailes écloses,
Le ciel les caressait de son souffle amoureux.

Les voir à nos côtés jouer sur le rivage
Sous le limpide azur d'un splendide horizon ;
Sur leur front calme et pur contempler notre image,
Sourire à les entendre épeler notre nom ;

Le soir, sur leur berceau voir se pencher un père
Pour les presser encore une fois sur son cœur ;
Sentir sous nos baisers se fermer leur paupière,
Ô mères, sur la terre est-il d'autre bonheur ?

Hélas ! Bientôt le ciel détruisit son ouvrage.
Sur nos félicités jetant un œil jaloux
Le malheur descendit sur nous dans un orage,
Ouvrit sa main de fer et l'étendit sur nous.

Un soir nous regardions du haut d'un promontoire
Le soleil fatigué se couchant sur les mers,
Les nuages flottant dans les feux de sa gloire
Comme un voile de pourpre étendu dans les airs.

Déjà dans son manteau de calme et de mystère
La nuit dans le lointain descendait sur les flots ;

Le bruit avec le jour s'éteignait sur la terre :
L'écho seul répétait le chant des matelots.

Nos enfants près de nous murmuraient leur prière
Comme un dernier soupir d'harmonieux oiseaux,
Quand tout à coup l'un d'eux en glissant sur la pierre
Roula, puis en criant disparut sous les eaux.

Le père à cet aspect tombe éperdu dans l'onde,
Dans le gouffre écumant cherche en vain son trésor ;
Lui-même il disparait sous la vague profonde :
Hélas ! Reviendront-ils… ? Je les attends encore.

J'attendais : mais les flots dévoraient leurs victimes ;
Déjà je me levais traînant dans mon effroi
Ma fille, quand sa voix sur le bord des abîmes
S'écria : mère, mère, ayez pitié de moi !

II

J'ai vécu : de mon deuil j'ai porté le cilice,
Pendant sept ans entiers m'abreuvant de mes pleurs :
Pendant sept ans le sort a rempli mon calice
De tous les désespoirs, de toutes les douleurs.

Sous les chagrins aigus se rongeait ma poitrine.
Assise tristement sur mon bonheur détruit
Je baignais de mon sang ma couronne d'épine
Sans soleil dans mon jour, sans sommeil dans ma nuit

Le monde indifférent passait sur ma misère :
Seule, je m'éteignais dans la fièvre et la faim,
Et deux fois je mourais lorsqu'aux bras de sa mère
Ma fille en s'affaissant me demandait du pain.

Souvent j'allais m'asseoir comme une autre Troyenne
Aux lieux où je perdis mon fils et mon époux,
Et de leur triste fin en pleurant sur la scène
Aux vagues je criais : quand nous les rendrez-vous ?

Et j'entendais des voix qui montant de l'abîme
Disaient : contre le sort finis tous tes combats :
Pour nous de ces rochers abandonne la cime ;
Pourquoi tarder encore quand nous t'ouvrons nos bras

Un soir on célébrait dans la ville une fête ;
Mille cris, mille bruits s'épandaient dans les airs ;
Des feux étincelants circulaient sur ma tête
Et l'écho répondait à de vastes concerts.

Mais mon cœur se serrait à ces rumeurs de joie.
Un vertige me prit sur son aile de feu ;

Le sombre désespoir m'emportant dans sa voie
Au ciel, à la nature il fallut dire adieu.

Haletante, à genoux, sur le gouffre penchée :
Ah ! c'est assez, disais-je, et pleurer et souffrir :
C'est trop longtemps rester à ma croix attachée ;
Ô mer, entrouvre-toi, je suis prête à mourir.

Roule autour de mon corps ton liquide suaire.
Et toi, si de mes maux je fléchis sous le poids,
Pardonne-moi, Seigneur : en montant son Calvaire
Sous son fardeau ton fils est bien tombé trois fois

Je dis, et me levant sur le cap solitaire
Pour la dernière fois je regardai les cieux,
Puis dans un cri d'adieux à ma fille, à la terre,
Je roulai dans l'espace en refermant les yeux.

III

Qu'entends-je ? Autour de moi quelle douce harmonie
Comme un écho du ciel retentit sur ces bords ?
Sur ce lit parfumé quel tendre et bon Génie
Ouvre ainsi mon oreille à de divins accords ?

Où suis-je ? Répondez. Quel astre sur ma couche
Resplendit à mes yeux dans ce riant azur ?
Quel Dieu compatissant et me parle et me touche,
Sur moi me rouvre un ciel plus tranquille et plus pur ?

Pourquoi ces chants de fêtes et ces fleurs, ces lumières ?
Qui vient me regardant d'un œil limpide et doux
Au soleil des vivants me rouvrir les paupières,
Qui me dit : lève-toi… ! Vierge sainte, est-ce vous

Est-ce vous qui venez ressusciter mon âme
Pour l'inonder encore de bonheur et d'amour,
Et qui, me réchauffant à votre vive flamme,
Effacez ma souffrance en me rendant le jour ?

Je puis donc m'appuyant sur l'enfant que j'adore,
Descendre dans la paix le fleuve de mes ans,
Vivre de ses baisers et savourer encore
Un peu de ce doux miel que connut mon printemps !

Et toutes deux, du sort méprisant la colère,
Nous marcherons ainsi jusqu'à l'heure où les cieux
Rendront, en nous montrant mon époux et son frère,
Et notre âme à leur âme et leurs yeux à nos yeux !

Femme, qui que tu sois, Vierge-mère, Ange ou Reine
Toi qui verses l'espoir dans mon sein rajeuni,

Laisse-moi, me courbant sous ta main souveraine,
Te dire : que ton nom soit à jamais béni !

Et j'embrassais ses mains, puis un dernier sourire
De sa lèvre tomba dans mon cœur enivré,
Et la foule à genoux, comme une immense lyre,
Chantait un nom… un nom de la France adoré.

On dit que sur son peuple à toute heure elle passe
Promenant sur nos fronts sa douce majesté ;
Deux Anges de ses pas suivent toujours la trace ;
L'un s'appelle Espérance et l'autre Charité.

XII

L'extérieur

Réveille-toi, France immortelle,
Ton jour se lève dans les cieux :
Le monde te cherche et t'appelle ;
Reviens et parais à ses yeux.
Reprends ton antique auréole,
Ta voix, ton rang, ton divin rôle,
Planant sur les peuples divers,
Et dans ta splendeur infinie
Réchauffe encore sous ton génie
Le corps glacé de l'univers.

Un jour – jour sanglant dans l'histoire –
La Discorde brisant son frein
Osa, sans respect pour ta gloire,
Plonger son poignard dans ton sein.
Les peuples penchés sur ta couche
Fondaient en pleurs et de ta bouche
Recueillaient le dernier soupir ;
Puis se serrant dans les ténèbres
Et confondant leurs cris funèbres
Disaient : qu'allons-nous devenir ?

Mais LUI déchirant le suaire
Qu'ils t'apportent dans ton sommeil,
Voilà que leur ombre s'éclaire
Des feux nouveaux de ton soleil.
Sur eux secouant ta lumière
Tu les vois tous dans la poussière

Tremblants se rouler à tes pieds,
Et montrant ta face sublime,
Tel le Christ brillant sur sa cime,
Tu dis : levez-vous et voyez !

Voyez, contemplez votre reine ;
Que votre main touche sa main :
Je suis toujours la souveraine,
L'astre vivant du genre humain.
Quand me suivant dans ma carrière,
Vers le couchant votre paupière
Cherche encore mon dernier rayon,
Déjà sur ses bords qu'elle inonde
Ma flamme éclate sur le monde
À l'autre bout de l'horizon.

Seule encore je puis sur mon faîte,
Semblable au roi puissant des Dieux,
Faire d'un signe de ma tête
Trembler et la terre et les cieux.
Dans les profondeurs de l'espace
Venez-vous pencher à ma place
Et prenant tous ma chaîne d'or
Voyez si du fond de sa sphère
Vous pourrez emporter la terre
Comme mon bras l'enlève encore !

Oui, des peuples ô fille aînée,
L'aile du Temps te frappe en vain :
Sur toi que la haine acharnée
T'arrache à ton trône d'airain ;
Qu'après avoir meurtri ta face
L'impie en son délire entasse
Des montagnes sur ton cercueil,
Soudain brisant le roc immense

Sur ton char de feu tu t'élance
En l'écrasant dans son orgueil.

C'est toi qui penses pour le monde :
De Dieu lui parlant par ta voix
Tu tiens dans ta tête profonde
Les plans, les secrets et les lois.
Sur les humains avant d'éclore
Le futur latent s'élabore
Dans le creuset de ton cerveau :
Dans toi l'idée universelle
Pour se forger prend l'étincelle,
Le fer, l'enclume et le marteau.

Ton drapeau le premier s'attache
Au front du combat des esprits,
Et pour un mot que Dieu te cache
Tout bras se relève à tes cris.
Rien ne t'abat, rien ne te coûte ;
Vers l'inconnu tu suis ta route,
Dût le sort aux ongles de fer
Dans ton sang noyant ta pensée
Rouler ta tête fracassée
Dans les abîmes de l'Enfer.

Du siècle nouveau Prométhée,
Pour illuminer ton autel
Tu vas sur ton aile emportée
Ravir le feu sacré du ciel.
Au sein de la Vérité même
Tu choisis pour ton diadème
Les Arts, la Science et la Foi,
Puis sur l'univers inclinée
Tu dis à la foule étonnée :
Voulez-vous vivre, suivez-moi !

Mais, s'enfonçant dans leur ornière,
Souvent les peuples endurcis
Tentent d'éteindre ta lumière
Qui point dans leurs cieux obscurcis.
Parfois, cœurs ingrats, de leur mère
Ils vont traînant dans la poussière
Et la couronne et le manteau,
Puis te frappant dans leur prétoire
Te décapiter de ta gloire
Et changer ton sceptre en roseau.

Alors ton pied frappe la terre ;
Ta voix éclate et crie : à moi !
Et chacun portant son tonnerre
Soudain se range autour de toi.
Peuples, pleurez dans vos murailles ;
Le tourbillon de ses batailles
S'échappe en grondant dans les airs ;
Dieu la conduit, et son épée
Dans votre sang toute trempée
Va régénérer l'univers.

Plus vous déchaînez vos tempêtes
Et plus dans sa sérénité
Vous voyez briller sur vos têtes
Son astre d'immortalité.
Laissez donc vos rives lointaines
S'emplir de l'eau de ses fontaines,
De l'eau qui doit vous rajeunir,
Et sous les feux de son étoile
Venez déployer votre voile
Sur les vagues de l'avenir.

Que le passé pour jamais cèle
Le temps où d'inhabiles mains

Laissaient impunément sur elle
Tomber vos superbes dédains.
Car si sous la moindre souillure
L'éclat de sa robe si pure
Pouvait aujourd'hui s'enlever,
Vous toutes, ô races si fières,
Vous n'auriez pas dans vos artères
Assez de sang pour la laver.

Quand dans les plis de sa puissance
Elle tient la guerre et la paix,
Du sommeil de sa patience
Ne l'arrachez plus désormais ;
Autrement étendant sa serre
Son aigle enlacerait la terre,
Et, l'emportant dans son courroux,
Au sein de vos cités en poudre
Viendrait vous broyer sous sa foudre,
Disant : me reconnaissez-vous ?

XIII

Le soir

Voici l'heure ! rouvrez le seuil de vos chaumières,
Rentrez, vous qui peuplez les champs et les vallons,
Qui, courbés sous le poids des chaleurs printanières,
Baignez de vos sueurs vos pénibles sillons.

Ramenez les troupeaux de vos vertes campagnes,
Et la génisse errant à l'ombre des forêts,
Et la brebis foulant le gazon des montagnes,
Et les bœufs épuisés sur le sein des guérets.

Reine des doux sommeils qu'elle apporte à la terre,
La Nuit pose son sceptre au sommet du coteau,
Et la lune debout sur le mont solitaire
Vient sous un dais d'azur attacher son flambeau.

Déjà l'airain sacré jette aux échos des plaines
Sur l'ombre qui descend son accent solennel :
Recueillez-vous, dit-il, laissez tomber vos peines,
Oubliez vos labeurs en priant l'Éternel.

Alors obéissant à la cloche rustique,
Comme à l'ordre émané du céleste pouvoir,
Vos voix se confondant dans un même cantique
S'élèvent dans les airs sur les parfums du soir.

Ô Dieu, sur nos sillons viens verser ta rosée :
Demain que ton soleil les caresse à son tour ;
Que notre âme comme eux de ta grâce arrosée

S'ouvre et s'épanouisse aux feux de ton amour.

Sois béni, car c'est toi qui fis à nos prières
Apparaître l'Élu qu'attendaient les humains,
Et c'est lui qui rendant la paix à nos chaumières
Fait briller sur nos soirs d'éclatants lendemains.

Tu vis son nom gardé dans toutes nos mémoires
Comme un trésor sacré dont nous étions jaloux :
Et quand ton doigt le fit descendre dans ses gloires
Nous disions : le Seigneur est toujours avec nous.

Au sein de nos hameaux nous avons vu sa trace ;
Nous l'avons salué comme un Ange des cieux :
Sur nos fronts éclaircis il a penché sa face
Dont les rayons vivants sont encore dans nos yeux.

Et depuis, le bonheur s'est assis dans nos âmes :
Il semble que le ciel ait un plus bel azur,
Nos nuits plus de sommeil et nos jours plus de flammes,
Que la terre fleurit sous un astre plus pur.

Que son soleil, ô Dieu, soit toujours sans nuage :
Qu'il soit pour l'univers en s'appuyant sur toi
Ce monarque, ici-bas ta plus fidèle image,
Qui dit à la Sagesse : assieds-toi près de moi.

Qu'un jour en te montrant notre ciel sans orage,
Ses peuples radieux dans leur félicité,
Il dise : de mes mains, Seigneur, voilà l'ouvrage ;
N'ai-je pas assez fait pour l'immortalité ?

XIV

Réconciliation

Deux femmes… l'une sur la terre
Brille sur les pas de son Dieu
Comme la lampe solitaire
Dans l'ombre calme du saint lieu.

Son œil, douce et charmante étoile,
Sur nous vient réfléchir ses feux
Et de nos nuits perçant le voile
Nous découvre de plus beaux cieux.

Sa voix vibrant comme la lyre
Qui chante à l'ombre de l'autel
Redit dans un pieux délire
L'hymne sans fin de l'Éternel.

Sa bouche a pour tous un sourire,
Un mot d'espoir pour tous les cœurs ;
Elle a quand une âme soupire
De doux rayons pour tous ses pleurs.

De l'homme elle ouvre la carrière :
Elle le prend à son berceau
Pour le guider à sa lumière
Jusque dans la nuit du tombeau.

Sa main le relève s'il tombe.
Seule, marchant à son côté,
Elle sait faire d'une tombe

Le port de l'immortalité.

Vierge toujours belle, elle passe
Calme sur le monde agité
Pour nous en laissant sur sa trace
La vie avec la vérité.

Elle dit à l'esprit qui doute :
À mes rayons ouvre tes yeux :
De l'abîme tu suis la route,
Et moi je te conduis aux cieux.

Son front de Dieu porte l'empreinte.
Dépositaire de sa loi,
Du Christ elle est l'épouse sainte
Et les anges l'appellent : Foi.

L'autre, fille de la nature,
Seule marche dans son orgueil,
Et sans astre en sa nuit obscure
Sur chaque flot heurte un écueil.

Elle voudrait du noir abîme
Où roulent ses pensers divers
Donner le rayon qui l'anime
Pour le soleil de l'univers.

Son Dieu, sa loi, c'est elle-même,
Les systèmes son élément ;
La vie est pour elle un problème
Et le doute son aliment.

Jouet d'un éternel orage,
Son esprit dans l'ombre emporté
Va se poser sur chaque plage

Criant, vérité, vérité !

Au Christ elle impose silence,
Et, brisant son divin flambeau,
Meurt en disant à l'espérance :
Laisse-moi seule en mon tombeau.

Le mensonge en sa coupe amère
Lui verse son fatal poison ;
De la Discorde c'est la mère,
Elle se nomme la Raison.

Mais si, la privant de son aile,
En la chassant de son Éden,
Le Seigneur éteignit sur elle
Le jour du splendide jardin ;

Si sur les lois du divin monde
Il lui ferma jadis les yeux
Disant : reste en ta nuit profonde,
Tu n'es plus faite pour les cieux ;

Il lui dit aussi : la matière,
L'espace et le temps sont à toi ;
Aux rayons seuls de ta lumière
De leurs rapports cherche la loi.

De tous ces biens je te fais reine.
Vers moi, son éternel soutien,
J'ai pour guider la race humaine
Un autre flambeau que le tien.

Prends donc ces rayons de ma face.
Si la science est ton besoin,
Dans le cercle que je te trace

Demeure et ne va pas plus loin.

Ainsi deux femmes sur la terre
Se regardant d'un œil jaloux
Se font une incessante guerre
Pour voir le monde à leurs genoux.

Mais toi soufflant sur leur querelle,
Ô maître, et leur prenant la main
Tu dis : à ma voix paternelle
Marchez en paix votre chemin.

XV

Derniers accords

Détachons, il est temps, notre esquif de la rive ;
Voguons, amis, voguons en chantant sur les mers.
Que le soleil dorant la voile fugitive
Sur les flots aujourd'hui se lève à nos concerts.

Dans nos mains un moment laissons dormir la rame.
Au souffle des zéphyrs, sous le calme des cieux,
Que la vague en roulant nous berce sur sa lame,
Et jette autour de nous ses bruits harmonieux.

Déjà vers l'Occident la nuit traînant ses voiles
Se dérobe à nos yeux comme un fantôme obscur,
Et déjà d'un regard faisant fuir les étoiles
L'aube, ange aux blancs reflets, vient s'asseoir dans l'azur.

Voyez, l'aigle s'éveille au sommet des montagnes ;
Son cri de joie éclate à l'horizon lointain ;
Il s'élance, et, du ciel planant dans les campagnes,
Il roule et disparaît dans les feux du matin.

Ami, rappelle-le, vers lui tourne ta face ;
Que ton luth qui t'attend frémisse sous tes doigts ;
Son oreille du haut de son brillant espace
Sur nous s'inclinera pour écouter ta voix.

Ô roi, sur tes hauteurs ouvre tes larges ailes ;
Viens verser sur la nuit tes gerbes d'étincelles,
Et roulant dans l'azur sur le char du soleil

Fais retentir sur nous le cri de ton réveil.
Tout repose : mais toi du ciel perçant la voûte
Vers le trône de Dieu déjà tu prends ta route ;
Toi son premier ministre il t'appelle, et sa voix
Pour le jour qui revient te confiant ses lois,
Il te montre les bords et la source féconde
Où tu devras guider et rafraîchir le monde,
Et le champ idéal où l'humaine raison
Sous ton regard de feu creusera son sillon.
Là, tu prends à ses pieds le calme ou la tempête ;
D'un reflet de sa flamme il couronne ta tête
Et sa main, aux accents des immortels concerts,
Soudain s'ouvre en lâchant ton vol sur l'univers.
Maître des airs, bercé dans les bras de l'Aurore,
Tu descends, tu parais : sous les flots qu'elle dore
Ton astre impatient se cachant à nos yeux
N'attend que ton signal pour briller dans les cieux.
Viens donc, ouvre à ses pas sa brûlante carrière ;
À nous l'ombre, à toi seul l'espace et la lumière ;
Seul tu peux des mortels marquant le but divin
Leur dire : Suivez-moi, voilà votre chemin.

Un jour, nous disais-tu, dans mon ciel solitaire
Vos regards vainement me cherchaient, et la terre,
Navire sans boussole égaré dans la nuit,
De mon brillant passé pleurait l'astre détruit.
J'avais rempli ma tâche et dit à la Victoire :
Laisse-moi m'endormir dans le sein de ma gloire ;
Et mon cri lui jetant un adieu fraternel,
Je courus reporter sa foudre à l'Éternel.
Mais l'œil de Dieu perça ma retraite profonde :
Je revins déployer mes ailes sur le monde,
Le rendre, en l'arrachant à son obscurité,
Aux jours de sa splendeur, de sa félicité.

Quand son doigt me rouvrit mon éclatante voie
Mon oreille entendit les chants de votre joie :
Je vis dans votre cœur par moi seul habité
Mon vrai temple de gloire et d'immortalité.
Mais mon rôle est changé, car aujourd'hui ma serre
Dans l'éther éclatant apparaît sans tonnerre ;
Je reviens, sur vos fronts jetant un nouveau jour,
Vous asseoir dans la paix, la justice et l'amour.
Oui, race de héros, qui toujours la première
Portas du droit sacré l'éternelle bannière,
Qui dans l'ombre roulant ta colonne de feu
Tiens toujours ton bras prêt pour les combats de Dieu,
Laisse sous tes lauriers reposer ton armure ;
Viens près de moi calmer ta soif à l'onde pure
Des vrais biens où ma voix appelle l'univers,
Et que seul j'ai trouvée au fond de tes déserts.
Ne crains rien ; sous mes yeux dors, ou travaille ou prie ;
Si l'on venait un jour, ô ma fille chérie,
De tes heures troubler le cours harmonieux,
Je sais où j'ai posé ma foudre dans les cieux.

Ô maître, que ta main le touche,
Qu'un de tes éclairs dans sa nuit
Tombe comme un mot de ta bouche,
Et le monde en chantant te suit.
Son œil, à lui, c'est ta paupière ;
Il ne voit que par ta lumière
Comme il s'endort de ton sommeil :
Plongée au centre de ta flamme
Toute âme est unie à ton âme
Comme un rayon à son soleil.
Chaque parti vient disparaître
Dans ton espace illimité ;
Chaque secte aujourd'hui veut être

Un fragment de ton unité.
Immense Océan sans orages,
Des esprits sur toutes les plages
S'étend ton flot brillant et pur,
Et tous, écumant sur le monde,
Roulent et vont perdre leur onde
Au fond de tes vagues d'azur.

Quel mortel ici-bas t'égale ?
Le Dieu qui veille à tes côtés
Mit dans ta pourpre impériale
Toutes les légitimités.
Né dans les bras de la Victoire,
Tu vois le génie et la gloire
Couronner ton front immortel,
Et tu te poses sur ta cime,
– Trinité nouvelle et sublime –
Entre ton peuple et l'Éternel.

Oh ! si tout à coup comme Élie
Ton char t'emportait dans les cieux,
Laissant la terre ensevelie
Dans l'ombre où se cloraient ses yeux,
Qui, loin de ta chaleur féconde,
Pourrait vivifier le monde
De peur et de froid tout transi ?
À ces pensers le sang se glace
Comme si la mort dans l'espace
Criait aux hommes : Me voici !

Mais de notre nœud qui t'embrasse
Rien ne pourra te délier.
L'amour du peuple est ta cuirasse,
Et notre main ton bouclier.
Si le sort un jour par envie

Osait sur toi, toi notre vie,
Lever son doigt capricieux,
Pour te garder sur notre terre,
Mortels armés de ton tonnerre,
Nous combattrions contre les Dieux.

Lyre, vaine et froide harmonie,
Devant sa gloire taisez-vous :
Il faudrait avoir son génie
Pour la chanter, et qu'avons-nous ?
Mais si le luth hésite et tremble
Dans un seul cri jetons ensemble,
Son nom aux échos de ses bords :
Ce nom qui plane sur notre ère
En dira plus, Muse éphémère,
Que tous tes plus puissants accords.
La voix se tut : muets et penchés sur la rame
Nous écoutions encore, quand tout à coup notre âme
À ces derniers accents s'éveillant à son tour,
Se fondit dans un cri de respect et d'amour.

Tel un jeune héros guidé par la victoire,
Le soleil devant nous se leva dans sa gloire :
D'un regard embrassant l'horizon enflammé
Il aperçut au loin son aigle bien-aimé,
Qui dans son vol hardi s'emparant de l'espace,
Sous son orbe éclatant venait prendre sa place,
Et qui, réfléchissant tous ses rayons sur soi,
Semblait dire : voilà mon diadème, à moi.
Ravis, nous contemplions ce spectacle sublime :
Les vagues de lumière emplissaient leur abîme :
Chaque flot reflétant le ciel pur et vermeil
Comme un miroir de feu nous jetait un soleil.
Le vent, tout imprégné des parfums du rivage,

S'éveillait dans la voile, et déjà sur la plage
Mille voix se mêlant et courant dans les airs
Saluaient le matin comme nous sur les mers.

Soudain, comme si Dieu déchaînait ses tempêtes,
Le ciel à sa voix tonne et se fend sur nos têtes.
La nuit vient : puis un jour plus limpide et plus pur
D'un vaste reflet d'or court inonder l'azur.
Nous regardons ; voilà qu'une main inconnue
Sur nos fronts étonnés s'abaissant de la nue
Nous montre au loin un char, à l'éclat merveilleux,
Fuyant vers l'Orient dans une mer de feux.

L'aigle accourt, pousse un cri, car le Maître, ô prodige !
Se levait à ses yeux dans le brillant quadrige :
Debout, sa main tenait le globe impérial :
Sur la France roulant dans le char triomphal
La Justice et la Paix entrelaçant leurs ailes
Lui jetaient les baisers de leurs lèvres fidèles :
La Renommée ouvrant ses cent voix dans les airs,
De son auguste nom remplissait l'univers ;
Et tandis qu'en chantant les filles de Mémoire
De fleurs semaient sa route, une d'elles, l'Histoire,
Déesse de lui fière, assise à son côté
Portait le livre d'or de l'immortalité.